MIGUEL ÁNGEL ALONSO
TRECEÑO

HOJAS DE OTOÑO

HOJAS DE OTOÑO, BAGATELAS Y OTROS POEMAS
COLECCIÓN DE HAIKUS (2017-2022)

EDICIONES FULCRUM ॐ

AVILÉS, ASTURIAS, 2022

Primera edición: octubre de 2022

© Miguel Ángel Alonso Treceño
© Ediciones Fulcrum ॐ

ISBN: 9798835083770

Dibujo de la portada: Samuel Armas

A mis hijas

"Las últimas hojas caen danzando. Se necesita una gran dosis de insensibilidad para no sucumbir al otoño".

EMIL CIORAN.

HOJAS DE OTOÑO

I
CIPRESES

¡Qué negra sombra
hacen hoy los cipreses
del muro blanco!

Sin hacer ruido
una hoja se ha posado
en el estanque.

Pasan las nubes
y con ellas se aleja
mi soledad.

Llegan las olas.
Las pequeñas gaviotas
suben la cuesta.

Por primavera
las flores amarillas
en el jardín.

Se mecen solas
hoy las hojas de otoño
en el recuerdo.

Tan solo cerca,
corazón infinito
de las estrellas.

Bajo los arcos
de piedra el viento barre
las hojas secas.

Más delicada
en la flor que en el aire
la mariposa.

Todo cambió
una tarde al oír
al ruiseñor.

Olor a pino
en el mueble vacío
de la despensa.

Siempre esperando,
siempre de color verde
está el ciprés.

II
HOJAS DE OTOÑO

En el jardín,
el templo, el cementerio,
hojas de otoño.

Noche pausada.
Los álamos del río
filtran la luna.

¡Cuántas estrellas!
Y nosotros tan solos.
¿Cómo es posible?

Caen las hojas,
los árboles, los bosques
y los imperios.

Recogimiento.
La vida está cosida
con hilo negro.

¿Ser flor de un día
o ser la mariposa
sobre la flor?

Reunión de amigos.
Bromas, risas, recuerdos.
Sillas vacías.

Me enamoraron
tus hermosas mentiras
tan verdaderas.

Por un instante,
en una misma flor,
dos mariposas.

Noche callada.
El autillo del árbol
quedó dormido.

Olor a incienso.
En el caldero flota
la luna nueva.

Tras el desorden
en el corral, el orden
en la huevera.

Como un otoño
sin hojas en el suelo,
la soledad.

Viaje de vuelta.
El final del camino
es el comienzo.

Almendro en flor.
Dos aviones se cruzan.
Lluvia de pétalos.

Solo un instante,
solo un pequeño instante,
pero contigo.

No digas nada,
que en silencio se dicen
mejor las cosas.

Como deporte,
esquivar caracoles
bajo la lluvia.

El saltamontes
prefiere estar tranquilo
en el jardín.

Pasan las nubes,
la niña mira al cielo
y todo gira.

Mañana tibia.
El sol ya no calienta
la vieja tierra.

Todos seremos,
más tarde o más temprano,
nube de otoño.

Aves de paso.
En el estanque verde
una tortuga.

Antiguo haiku.
Parece que fue escrito
esta mañana.

Viento de otoño.
En el pozo del templo
unas camelias.

Ensoñación.
El sol de la mañana
entre la niebla.

Ladra mi perro,
le contesta una rana.
Viejas rencillas.

Qué sola está
la farola apagada
bajo la lluvia.

Como la niebla
el humo de la aldea
en la montaña.

Puede que un día
todo lo que no busco
me encuentre a mí.

Con cuatro flores
la niña hizo un hermoso
ramito blanco.

El amor llega,
y si nadie lo atiende
pasa de largo.

Golpe de viento.
La mariposa casi
se vuelve pétalo.

Hojas de otoño.
Los trinos en el bosque
suenan lejanos.

Sobre la hierba
los pardos ruiseñores
de la ribera.

Tarde tranquila.
El incienso del templo
alcanza el cielo.

Melancolía.
La lluvia de la tarde
en la ventana.

Sin compartirlo,
el calor del hogar
muere de frío.

Aquella tarde,
aquella lluvia, aquellos
rayos y truenos.

El sol se filtra
tímido en la persiana.
Y tú no estás.

Hermosa flor.
Tiene un pétalo roto.
¡Es tan perfecta!

Llegó el otoño.
Los operarios barren
las hojas secas.

Nada diremos
que no haya dicho el eco
con su silencio.

Por los barrotes
de la jaula vacía
pasa la tarde.

Cae la lluvia.
Apenas un rumor
en el estanque.

Pequeña hierba
¡qué desnuda pareces
entre las flores!

Alba dormida,
no hay noche que no sueñe
tu despertar.

Tarde de marzo.
Sobre la vieja mesa
se enfría el té.

Dime esas cosas
que una vez me dijiste
y eran mentira.

Estamos solos,
por mucho que nos una
la soledad.

En soledad
cruje más la madera
de la escalera.

¡Qué cerca estamos
cuando lo que nos une
no nos separa!

Una mirada
y sobran las palabras
que no dijimos.

Grillan los grillos.
¡Parecen tan felices
en sus grilleras!

Sobre una roca
se enrosca la serpiente.
Ruido de hojas.

Un nuevo día.
Todo sigue en su sitio.
¡Cuánto trabajo!

Amanecer.
El pomo de la puerta
como la escarcha.

Cuando se mueve
el agua, el cormorán
estira el cuello.

Tal para cual.
En tus ojos me veo
cuando te miro.

Detén tu vuelo,
guardemos este instante,
hoja de otoño.

Aquella estrella
y esta pequeña luz
se apagarán.

Como tú, nube,
yo sigo mi camino
hacia la mar.

Viento del sur.
La mariposa blanca
sobre la charca.

Hablas en sueños
y me llamas amor.
No te despiertes.

Llegó el otoño.
El eco de las flores
guarda silencio.

Bandera azul.
La playa es en invierno
un vertedero.

El gato blanco
y viejo que de niño
atosigaba.

Sol de la tarde.
En el campo baldío
ladran los perros.

¡Con lo que fuimos!
Y ahora ¿quiénes somos?,
¿adónde vamos?

A veces pasa:
los recuerdos felices
son los más tristes.

Por la ventana,
como un desconocido
entró el invierno.

Como el granizo,
posarme en tu cabeza
y derretirme.

Ola tras ola
la arena de la playa
se vuelve espuma.

No puede el viento
con la pequeña y última
hoja de otoño.

Cielo plomizo.
El reflejo de un rayo
en el estanque.

Lluvia de junio.
¡Qué solas la rayuela
y el tobogán!

¡Oh sapientísima
margarita! ¿Me quiere
o no me quiere?

Lluvia de abril.
En un pequeño tiesto
la primavera.

Cae la nieve.
El humo de la choza
es gris oscuro.

El viejo río
detrás de la alameda
suena distinto.

Te veo en sueños,
y cuando me despierto
desaparezco.

Viejo cartel.
Le falta alguna letra,
pero se entiende.

¿Adonde has ido?
Vuelve a entrar a mis sueños
que voy contigo.

Como nosotros,
las rocas no se cansan
de ver el mar.

Flor de la tarde.
La mariposa casi
pasa de largo.

Viento de invierno.
Los columpios chirrían
de aburrimiento.

Tarde lluviosa.
El silencio despliega
su indiferencia.

Noche estrellada.
En la mesa del patio
un saltamontes.

El canto libre
del pájaro que vive
en una jaula.

Agua que caes,
la piedra desgastada
de ti hace fuente.

En armonía
caen granizo, nieve,
agua de lluvia.

Enamorada
del pájaro, la rama
que lo sostiene.

Como esmeraldas
en el desván, los ojos
del gato negro.

No, no, ya no;
la oruga ya no sueña:
es mariposa.

Una naranja
y la puesta de sol.
Equivalencias.

Todos los años
salgo a atrapar al vuelo
hojas de otoño.

Por un segundo
las tres viejas agujas
avanzan juntas.

Tarde de abril.
Las hojas ya no caen:
salen volando.

Amanecer.
Hay un gato dormido
en el almiar.

Noche de junio.
Mariposas azules
en la bombilla.

Pulida y plana
la piedra de la playa
en la terraza.

Ya es oficial:
después del cambio horario
la primavera.

Amontonadas
unas hojas de otoño
bajo la lluvia.

Canta la rana
y sopla el viento, ¿oís?
Y pasa el río.

Ondas de piedra.
La quietud del estanque
se da un respiro.

Paloma muerta.
A mis hijas les digo
que está durmiendo.

Flores cerradas.
¡Qué horario laboral
tan inflexible!

Escribo un haiku.
O tardo unos segundos
o varios años.

Las de los pies
frente a la gran dureza:
la del camino.

Nube de marzo,
¿a qué nos parecemos
hoy los humanos?

La mariposa
entró y salió conmigo
del ascensor.

Huellas efímeras.
Siempre caminaremos
sobre la nieve.

Muy, muy despacio.
Y luego como un rayo,
la lagartija.

Como la vida,
esa lejana nube
amenazante.

La lluvia riega
las plantas del vecino
que no volvió.

¿Donde están todos,
noche, en tu silencio
o en mi silencio?

Desde la nada,
nuestra vida es un viaje
hacia la nada.

A paso lento
hasta llegar al mar
de madrugada.

Como tú, pájaro:
cantar por las mañanas,
alzar el vuelo.

Alfombra roja.
Hoy el otoño estrena
nuevo espectáculo.

Viento del este.
La campana del templo
vuelve a sonar.

A pleno sol
la humedad en el musgo
sobre la tapia.

Hasta la verja
termina verdeando
en el jardín.

Tras la tormenta
no quedan en las ramas
hojas de otoño.

Templo nevado.
Un sonido metálico
despierta al gato.

Atardecer.
Entre las largas sombras,
hojas de otoño.

Como un relámpago
en la noche, la vida,
la madrugada.

Entre las nubes,
entre los edificios,
el sol de marzo.

Risa infantil.
En el suelo unos peces
saltan agónicos.

Viento glacial.
El rocío se escarcha
sobre la rosa.

Todas distintas,
aunque lo disimulen,
las hojas secas.

Gota tras gota
el agua de la nieve
regresa al mar.

Expectativa.
¿Por dónde emergerá
el cormorán?

¿Por qué desciendes
haciendo florituras,
hoja de otoño?

Llegó el invierno
y en la rama seguía
la hojita roja.

Día de niebla.
El camino de ida
era el de vuelta.

Sueña la oruga
que será mariposa
¡y se despierta!

Los edificios
acarician la sombra
de una gaviota.

Una hoja seca
flotando boca abajo
en el estanque.

Días de lluvia.
La rayuela del parque
llegó hasta el mar.

Agua de lluvia.
La rana del estanque
quedó dormida.

Truenos lejanos.
Cada gallina vuelve
a su corral.

¡Qué poca fe!
El viento está apagando
todas las velas.

La mariposa
cruzó con su desdén
multicolor.

Llegó el invierno.
La hierba empaquetada
no pasa frío.

Mosca curiosa,
te has posado un instante
en mi libreta.

Somos el polvo
que el tiempo ha sacudido
por la ventana.

Hermosa y rítmica
la alondra del jardín
bebe en la fuente.

Fin del verano.
Ahora los amores
serán de otoño.

Te toco, musgo,
y me entran muchas ganas
de pasar página.

Entre la hierba
el saltamontes verde
de patas pardas.

Naturaleza.
Del sumidero sale
una flor blanca.

Bosque de alerces.
La niebla sobre el río
de madrugada.

Caen despacio,
de una en una las hojas.
Supersticiones.

No lo olvidemos:
también lo que no fuimos
es lo que somos.

Las niñas saltan
detrás de un saltamontes
que también salta.

El río arrastra
el nombre de las flores
hasta olvidarlo.

Noche de estrellas.
Unas polillas chocan
en la farola.

Agua de lluvia,
caes como nosotros,
te vuelves barro.

No escondas tanto
tu amor, no vaya a ser
que alguien lo encuentre.

Días de gloria
y décadas de olvido.
Compensaciones.

Pasa la tarde.
A veces me saluda,
a veces no.

Atardecer.
Al borde del camino
unas caléndulas.

Es bien sabido,
el beso más intenso
detiene el tiempo.

Tarde de lluvia.
El operario viste
de fosforito.

Noche de mayo.
Qué blanca está la luna
en el estanque.

Fue oler la rosa
olvidada en el libro
y suspirar.

Sin compartirla,
la vida no es tan vida
como parece.

Días de sol.
Los pequeños limones
amarillean.

El ruiseñor
se mete en la caseta.
Habrá tormenta.

En un bolsillo
las flores que mis hijas
me regalaron.

Por primavera
las hiedras del jardín
entran en casa.

Bajo la suela
de mi viejo zapato
hojas de otoño.

Ya hierve el agua.
La lluvia va al revés
en la tetera.

Tarde de invierno.
Solo se escucha el viento
entre las ramas.

Bajo consumo.
En el templo las velas
son luces led.

Pequeño pájaro,
¿por qué no te has posado
en mi ventana?

Cuando no hay nadie
cómo le gusta al mar
nadar un rato.

Sueña la noche
que con el nuevo día
despertaremos.

Ojos cansados.
Demasiada hermosura
en el paisaje.

Ayer gusano,
hoy una mariposa.
Mañana viento.

Calle mojada.
La luz intermitente
de la farmacia.

Todo sucede
aunque ignoremos cuándo,
cómo, porqué.

Pepita amarga,
tu pequeño veneno
me fortalece.

Antigua casa.
Hay charcos en el patio.
Son los recuerdos.

Aún funcionan
los besos, las caricias
y los te quiero.

Vamos, perdámonos,
vayámonos muy lejos
hasta encontrarnos.

Para encontrarnos
no busquemos muy lejos,
que nos perdemos.

Aún más blanca
que la nieve, la roca
en la montaña.

Viento de invierno.
Las flores del magnolio
sobre la acera.

Grandes, pequeñas,
todas las hojas secas
cuentan historias.

A veces sí.
¿Te duele margarita?
A veces no.

Verde esmeralda,
el primer saltamontes
de primavera.

Tarde de agosto.
Entre las correhuelas,
dos mariposas.

Sola en el templo
se consume una vela
muerta de frío.

Noche templada.
Las estrellas del bosque
son las luciérnagas.

La raíz del ciruelo
rompió el asfalto.
¡Qué hermosas flores!

¡Cuántas palabras
para no decir nada
que no sepamos!

Noche de invierno.
Las vigas de madera
crujen de frío.

Como un tesoro,
unas hojas de otoño
en el bolsillo.

III
HAIKUS DEL YO

Cuando camino,
el paisaje que cambia
cambia conmigo.

No sé quién eres,
pero cuando me acuerde
te olvidaré.

¡*Calla*! –me digo–
¿no ves que estoy hablando
conmigo mismo?

Déjame solo,
no quiero verte nunca
más, soledad.

Sueño despierto.
Me levanto, me acuesto.
¿Sigo dormido?

Cuando te fuiste,
todo lo que llevaste
quedó conmigo.

Cuando estoy solo
mis recuerdos susurran
igual que el viento.

Sin decir nada
qué bien nos entendemos
mi sombra y yo.

Contrasentido:
cuando quiero encontrarme
vagabundeo.

Pasan los años.
Hasta lo más alegre
me pone triste.

Cuando me busques,
no digas que me buscas,
porque me escondo.

Sigo mis huellas.
Estoy a un par de pasos
de dar la vuelta.

BAGATELAS

"Un ideal formal: el sentido múltiple. Por
ejemplo el haiku".

SUSAN SONTAG

TRAZOS DE LUNA
(ALUNIZAJES)

Última luna
de agosto. Chapoteos
en el estanque.

Noche cerrada.
La luna es hoy apenas
un hilo blanco.

Cuando yo falte
¿quién se enamorará,
luna, de ti?

Brotes de escarcha.
En la montaña, lunas
de terciopelo.

Luna de niebla.
La flor del río baja
sin hacer ruido.

Al escondite,
la luna con la niña
entre las nubes.

Miras la luna
y mientras tanto yo
te miro a ti.

Tarde de otoño.
Acelero mis pasos
como la luna.

Nubes viajeras.
La misteriosa luna
rasga su velo.

Qué triste está
en el claro de luna
la luna llena.

Noche sin luna.
Le doy una patada
a la farola.

Juego de niños:
tirar la piedra al aire…
coger la luna.

¿Será la luna
la que roza el cristal
de mi ventana?

No te prometo
la luna, luna, porque
ya eres la luna.

En una mano
una flor y en la otra
trazos de luna.

La vieja urraca
robaría la luna
si la dejasen.

En el arbusto,
en las gotas de lluvia,
mil y una lunas.

Como la luna,
son los sueños humanos
un pergamino.

Noche serena.
Por el camino blanco
viaja la luna.

Hojas de otoño.
Azul en el estanque
flota la luna.

Todo de ti,
hasta tu sombra, luna,
nos enamora.

Hoy, vieja luna,
pareces aún más joven
que de costumbre.

Me comprometes
cuando me miras, luna,
de esa manera.

Ayer nos vimos.
Hoy hicimos por vernos.
¿Mañana, luna?

Desapegada
la luna en el reflejo
sobre la charca.

A veces pienso
si no serás tú, luna,
también un sueño.

Tan escondidos,
luna, están tus secretos
que se han perdido.

Luna de niebla.
Las volutas del humo
de mi cigarro.

Noche sin luna.
Solitario crepúsculo
que llena el aire.

Como tú, luna,
quiero ser como tú,
pero sin mí.

Sale la luna.
Nunca falta a su cita
la alondra blanca.

Luna de otoño.
¿Por qué tiñes de anhelos
mi corazón?

Tras el cristal,
la luna está muy blanca
esta mañana.

Tardes de plata.
La sombra de la luna
en el estanque.

Fuente serena.
En tu semblante pálido
la luna llena.

Muere la luna,
fría tarde de marzo,
en la ventana.

MI POBRE SOMBRA TRISTE
(AIRES MACHADIANOS)

Campo sonoro.
Hoy la tarde resuena
en la montaña.

Azul o blanca
brota la primavera
en el silencio.

La tarde es polvo,
y la palabra blanca
pasa y sonríe.

Entre nosotros
las copas otoñales
de viento y luz.

Amanecer.
Mi pobre sombra triste
desaparece.

Tarde sin flores.
El camino serpea
interrogante.

La nueva voz
dorada por la tarde
del agua fresca.

Por la ventana
la mancha del paisaje
arde en los ojos.

En la fontana
los pinos son azules
y el agua blanca.

Lento verano.
La soledad espera
bajo la tarde.

En una rama,
mañana luminosa,
el ruiseñor.

Arco de piedra.
Solitario crepúsculo
que el aire dora.

Largo camino:
la soledad del campo,
la negra tierra.

Susurra el viento
entre los altos chopos
de la ribera.

Abro el balcón.
El aire de la tarde
entre los sauces.

El agua sueña
que pasas y sonríe
en la clepsidra.

Jardín sombrío.
Como una llama roja
el sol de marzo.

Brilla la tarde.
Todo en el campo es luz,
sueño lejano.

Pesadamente,
las hojas otoñales
llenan el aire.

El río corre.
Mientras el campo es luz,
la mar espera.

Atardecer.
La sombra en el sendero
no tiene prisa.

Hermosa tarde:
tu sombra está en la fuente
junto a la mía.

El campo en sueños
esparce sus aromas
por el silencio.

Árbol de otoño.
La gloria del ocaso
como el hastío.

Un nuevo día.
El aire de la plaza
huele a romero.

Campos en flor.
El ritmo de los ríos
como un latido.

Huellas de barro,
el eco de tus pasos
sobre la hierba.

Árbol de otoño.
La tarde se ha dormido
entre la niebla.

La pena clara
duerme un sueño tranquilo
de primavera.

Abril cercano.
En la vieja cancela
la tarde blanca.

Ondas que pasan
entre nubes de fuego.
¡Es el amor!

Ecos de luz.
Las golondrinas pasan
sin hacer ruido.

Mañana pura.
En las calles resuenan
viejas historias.

Por el camino,
las ásperas fragancias
de los recuerdos.

Campos en flor.
Se alejan en silencio
las golondrinas.

Tarde de agosto.
La rama polvorienta
vibra en el aire.

Alegre y clara,
la vida hoy tiene el ritmo
del agua pura.

Sueño infantil:
la blanca juventud
nunca vivida.

Melancolía.
Las violetas perfuman
hoy los recuerdos.

Hacia el ocaso
las flores amarillas
de mi ventana.

COMO TÚ

Así es mi vida, piedra, como tú.
León Felipe

Así es mi vida.
En mitad del camino.
Como tú, piedra.

Como tú, piedra,
cuando llega la noche
miro la luna.

Miro la luna.
Solo veo una piedra
enamorada.

Enamorada
la piedra de la sombra
que la acompaña.

Como tú, piedra,
poeta quiero ser
de los caminos.

Contigo, piedra,
no fundaré una iglesia
en mi bolsillo.

Fuiste palacio,
piedra, y mírate ahora,
en mi zapato.

Mejor tenerte
en un zapato, piedra,
que en un riñón.

Tu discreción
es tu mayor tesoro,
piedra pequeña.

Piedra pequeña,
te guardaré el secreto
bajo la arena.

Bajo la arena
del tiempo, tú y yo, piedra,
polvo seremos.

Polvo seremos,
mas polvo enamorado
dijo el poeta.

Canto que ruedas
por las viejas veredas
de la memoria,

guijarro humilde
que giras, como el mundo,
sobre ti mismo,

piedra ligera:
como tú, yo estoy hecho
para rodar

y caminar
como una piedra plana
sobre la mar.

Tú que soportas
en silencio la vida
que pasa, piedra

aventurera,
que nunca te fatigas,
alma viajera,

que eres tan frágil,
aunque parezcas dura,
como la tierra,

¿quieres venir
conmigo?, ¿querrás ser
mi compañera?

Como tú, estoy
hecho para volar
alto y ligero,

alzar la vista,
volver a ver la luna,
cruzar el cielo.

Como tú, piedra,
perderme en esta senda
es mi destino;

lejos de todo,
en mitad de la nada
de los caminos.

OTROS POEMAS

En la eternidad / todo está en el principio /
mañana perfumada.

Haiku encontrado en un libro de aforismos
de ELIAS CANETTI

BENEDETTIS
(CIEN *SENRYUS* Y *ZAPPAIS*)

Yo ya no sé
si sé o si no sé
que no sé nada.

Al fin y al cabo
es un ir y venir
de circunstancias.

Puntas de flecha
lo de la bomba atómica
cuestión de tiempo.

Qué pragmatismo
en frente del asilo
el tanatorio.

Un camarero
viejo como un estanque
ancas de rana.

Llega un momento
en que o nos detenemos
o no llegamos.

La mancha roja
fue en su día una mosca
en la pared.

Apenas nada
la vida del artista
que no es artista.

Amor platónico
amor prohibido o libre
todo es amor.

Unas hormigas
y un trocito de tofu
indignación.

Playa en invierno
microplásticos plásticos
y megaplásticos.

Nos conocimos
y al darnos los teléfonos
comunicamos.

Lo que decimos
como lo que callamos
palabrería.

Hay medio gato
en mitad del asfalto
a mediodía.

Habrá tormenta
las nubes de mosquitos
saben a rayos.

A fin de cuentas
o vamos o venimos
o nos quedamos.

Anuncian sol
llevaré por si acaso
un impermeable.

Detrás de un gran
amor hay una gran
incertidumbre.

Gustavo Adolfo
no hay pupilas azules
suspenso en *Science*.

Mi parabrisas
es el Estalingrado
de los mosquitos.

Me iría lejos
muy muy lejos contigo
hasta el sofá.

Cambio climático
los haikus de hoy en día
no tienen *kigo*.

Quién ha escondido
la vida verdadera
dentro de un sueño.

Es la verdad
quien dice que no miente
ya está mintiendo.

Amar amor
la razón el sentido
hasta perderlos.

Viejo camino
intuición o sendero
que se bifurca.

Todos actores
políticos artistas
y espectadores.

Último taxi
ceremoniosa pasa
la funeraria.

Y aquí estoy solo
sin nadie que me diga
qué solo estás.

Aunque gastada
y suelta la sartén
aún fríe huevos.

Maneki-neko
siempre mueve una mano
no tiene novia.

En ocasiones
la inercia es una fuerza
muy poderosa.

Un gran artista
lo es más que por su genio
por su constancia.

Quien ama teme
el valiente está solo
en su desdicha.

No hay paraíso
perdido o terrenal
como tus labios.

Esta tristeza
no sé si es por cansancio
o por rutina.

Ningún poder
tiene tantas eróticas
como el querer.

Todo se explica
con un par de filósofos
y una cerveza.

Desafiantes
enigmas matemáticos
las caracolas.

Algunos haikus
los firmaría Basho
de Benedetti.

En el ayer
estaba la promesa
del para siempre.

La tarotista
le predijo una tarde
de mucho gasto.

No calla nada
menuda verborrea
tiene el silencio.

Un Montesquieu
un Rousseau o un Voltaire
del Carrefour.

Estalactitas
y estalagmitas frío
amigdalitis.

Filosofía
oferta tres por dos
del *todo a zen*.

Metamorfosis
de oruga a mariposa
metempsicosis.

Dichoso el árbol
y más la piedra dura
Rubén Darío.

Sin más historias
terminará este cuento
sin moraleja.

Ignora Dios
que lo llamamos Dios
que existe Dios.

Alguien gritó
hay un camaleón
yo no lo vi.

Cuando te miento
por amor ay te miento
con mucho amor.

Amor palabra
que igual que lo abre todo
también lo cierra.

Léase un haiku
después de las comidas
pero en ayunas.

Confinamiento
los imanes se oxidan
en las neveras.

Nubes del cielo
si a nada os parecéis
parecéis nubes.

Toda mi vida
loco por ti es decir
desde anteayer.

Para quien duda
las flores del almendro
las mariposas.

No son amores
los amores que pasan
son otra cosa.

Haiku del día
en los libros leemos
o nos leemos.

Tú y yo nosotros
yo ya no soy amor
sino es contigo.

Son medio hermanas
las verdades a medias
y las mentiras.

Bajé los ojos
no quise tropezar
con tu hermosura.

El hombre dice
creo en Dios Dios contesta
tú me has creado.

Como era ateo
nunca decía adiós
sino hasta luego.

Cree el felpudo
que los zapatos le hacen
mil reverencias.

El laberinto
la huella dactilar
del Minotauro.

A veces brindo
por lo que pudo ser
y me emborracho.

Pasas sonrío
se ha puesto colorado
hasta el semáforo.

Sopló la niña
y el diente de león
se quedó calvo.

La rana espera
oculta entre nenúfares
por si las moscas.

No hay otro instante
como este mismo instante
que compartimos.

Créeme amor
si supiese mentir
te lo diría.

Pensando en ellos
en silencio así es como
hablan los muertos.

Las de la piel
las fronteras más próximas
y más difíciles.

Nada perdemos
cuando perdemos algo
sustituible.

Sigo pensando
que lo más importante
es el instante.

Los poderosos
sonríen cuando escuchan
el noticiario.

Hermosa niña
no hay nada más hermoso
que tu hermosura.

Beso tras beso
se fueron lentamente
enamorando.

El que más sabe
el sabio que no sabe
sabiduría.

Me gusta ver
el mar en el reflejo
de tu mirada.

Como la vida
la muerte también forma
parte del sueño.

Eres tan bella
flor que yo me pregunto
serás de plástico.

Último día
del año no cantemos
aún victoria.

Fue rosa un día
de su tallo hoy tan solo
brotan espinas.

Al final todos
los restos de un naufragio
van a la orilla.

Felicidad
es solo una advertencia
no una amenaza.

Cada palabra
que se dice o se calla
es importante.

Qué cerca estábamos
en el sueño y qué lejos
al despertar.

Chica del sueño
no me digas tu nombre
que me desvelo.

Pocos poetas
exaltan la grandeza
de los artrópodos.

Solo una vez
se equivocó una vez
fue suficiente.

No ladres gato
como esos perros tontos
de los chalés.

En sueños vives
conmigo y por la calle
ni me saludas.

Pasan dos litros
de y cuarto del jardín
en la clepsidra.

Tarde de invierno
dentro de unos minutos
noche de invierno.

Nadie lo dice
pero qué hermosas flores
tiene el peral.

Aquel poema
que hablaba del otoño
de qué no hablaba

Haikus perennes
prefiero los caducos
son más humanos.

TAOS DEL VIEJO MAESTRO JŪ SAN

Jisei
Cuando no esté
todo seguirá igual
pero conmigo.

Tanka
Beber un té,
contemplar las estrellas.
Cosas de viejos.
O cosas de poetas,
que viene a ser lo mismo.

Jisei
En estos restos
ya no caben más sumas
ni divisiones.

Ya eres camino,
amigo que te fuiste
a ver el mar.

Todo es arena:
la vida, el tiempo, el río
y las estrellas.

Hablar del tao
es tan absurdo como
no hablar del tao.

¿Por qué te escondes,
si ya nadie te busca,
sabiduría?

Tarde de lluvia.
El tao es un espejo
resplandeciente.

Si nos paramos
en mitad del camino
atardecemos.

Reencarnación.
Sobre las hojas rojas
cae la tarde.

El viejo gato,
mi peludo e ictiófago
maestro zen.

Como no existe,
el poeta Jū San
es verdadero.

Un parpadeo
y todo cambia. Todo
menos el cambio.

Sol de la tarde.
Me siento el Sakiamuni
bajo la higuera.

Budas y cristos,
figuras de madera
ofrendas de oro.

Toda una vida,
años de aprendizaje,
para ser niño.

Somos esferas:
la última luz del día
es la primera.

En otra vida
fui tú, mariposita
de alas de plata.

Mientras flotamos
unos nenúfares flotan
en el estanque.

Todas las cosas,
menos las importantes,
tienen un nombre.

Es este instante
el único que existe
y permanece.

En la mitad
del camino del medio
el equilibrio.

No dice nada
la voz del agua cuando
nadie la escucha.

¿Dormir? ¿Soñar?
Hay una voz que grita:
¡No! ¡Despertar!

Día de playa.
El mar ni tiene esquinas
ni tiene centro.

Flores de loto.
De un sueño se despierta
la rana blanca.

Cae la nieve.
Hoy el amanecer
cabe en un vaso.

Tarde de otoño.
Anotaciones
en el libro del tao.

Vemos el mundo,
pero es el corazón
el que lo siente.

Las primeras nieves
le enseñan a una flor
la luna de invierno.

Sobre la hoguera de ayer
la escarcha de la mañana.

ÍNDICE

ॐ

Avilés, 2 de octubre de 2022

ॐ